얼룩으로 만든 집

2013 변방 제28집

얼룩으로 만든 집

강세화 · 문 영 · 박정옥 · 박종해 · 배정희
신춘희 · 임 윤 · 장상관

詩와에세이

2013

서문

변방 제27집부터 젊은 시인을 중심으로 활발한 시작운동을 전개하였다. 2013년 한 해 동안 많은 문예지에 발표한 동인들의 시를 읽었다. 문학이 시들해져 가고 있는 현실에 비춰볼 때 무난히 제28집이 탄생하도록 치열하게 창작을 해준 동인들에게 감사드린다.

출판사의 자금난으로 문예지들이 하나둘 사라지면서 발표지면 또한 그리 많지 않은 현실을 감안할 때 동인지를 중심으로 시 창작이 활발할 시기가 곧 도래하리라 본다. 현대사회의 진화는 일각을 다투며 변한다. 그런 맥락에서 한국시단의 흐름이나 문학의 방향도 수시로 변한다는 걸 느껴본다. 동인들의 시 또한 그렇게 진화하리라 생각한다.

내년에는 좀 더 치열한 창작활동으로 한국시단에 신선한 바람을 일으키는 변방이 되길 기대하며 동인들이 일 년 동안 쓴 시 작품 71편을 모아 세상에 내보낸다. 독자들의 질책과 격려를 바란다.

2013년 12월

변방 동인 일동

차례__

신춘희

임 윤

장상관

강세화

질경이

스스로 몸을 낮추지만
귀하게 여기는 마음은 버리지 않았습니다.
끈질긴 근성이 알려지고
질경이라는 이름을 얻었습니다.
길가에 나앉은 삶이
고달프고 서러워도 지치지 않고
깨알 같은 시를 쓰며
외로이 절망을 이기는 방법을 찾았습니다.
홑지게 살아서 버릇들이니
간소하고 편안한 생활이었습니다.
성급하게 나대지 않고
잠잠한 때를 보아 한 소끔씩 펴뜩펴뜩 잎줄기를 넓히고
차츰차츰 색깔이 짙어지면서
어떤 경우에도 비굴하지 않았습니다.
제대로 일어서지 못할 거라는 소문이 들리고
어이없이 외면당해도
끝내 희망을 놓치지 않는 명줄이었습니다.

배롱나무 곁에서

배롱나무를 보면
괜히 한번 손대보고 싶다.

조잘조잘 피는 꽃을 보면
기분이 좋아져서
손가락으로 건드려보고 싶다.

예쁘게 붉은 볼을
바람에 어울리는 모습을
오래도록 생생하게 지켜주고 싶다.

반드럽고 윤나는 모습을
내가 얼마나 아끼는지
은근히 손을 붙잡고
쓰다듬어주고 싶다.

배롱나무 꽃핀 것을 보면
나이 생각은 안하고

간지럼 태우며 장난치고 싶다.

화장(化粧)

흐릿해지는 각오를 위하여
모양 나게 화장을 하고 싶다.
햇살 같은 웃음을 머금고
친절한 표정으로 좌중을 둘러보며
좋은 말로 의지를 보여야 할 분위기에
얼굴 펼 날 없는 생활의 표시를
나타내기가 좀 그럴 때
일찍이 돈 잘 버는 재주도 못 익히고
번듯한 자리에 끼어드는 주제도 아니고
출입이나 사교가 화려하여
불려다니는 처지도 못 되고
원래부터 뒤가 물러서
배경도 바탕도 허술한 줄 알고
아무나 얕보고 덤빌 때
보기 좋게 화장을 하고 싶다.
여유를 부릴 형편이 아니라도
주눅 들어 움츠리지 않았고
사람들이 알아주지 않아도

서운하거나 노염 타지 않으면서
무심한 나날 조바심내지 않고
간섭받지 않는 자유를 편하게 여기면서
이름도 혹은 명예도 평판도
나에게는 해당 되지 않는 이야기라며
오죽잖은 상대가 깐죽대도
같잖게 생각하고 웃어넘기지만
갈수록 자꾸 엷어지는 무늬를 위하여
눈에 띄게 화장을 하고 싶다.

구절초와 쑥부쟁이

구절초와 쑥부쟁이는
여간한 눈썰미로는 구별하기 어렵다.

어떤 시인은
구절초와 쑥부쟁이를
구별하지 못하여 부끄럽다고 했다.

구절초와 쑥부쟁이는
많이 닮아서
단번에 알아보기 어려운 이웃집 형제처럼
누구라도 그럴 수 있다.

때로
구절초를 두고 쑥부쟁이라 한들
어떠랴.

다른 속셈이 있어서
구절초를 가리켜 쑥부쟁이라 우기면

그것은 문제다.

오래된 그림책

오래된 그림책을 펼치면
산골짜기를 흔드는
함성이 들린다.

날씨가 좋은 날은
토끼와 여우와 맘씨 느긋한 곰도 만나고
사슴이며 멧돼지며 늑대를
끔벅끔벅 바라보는
호랑이도 눈에 들어온다.

넓게 다져진 한데마당에서
잔치를 벌이는 사람들이
먹고 마시고 춤추고 놀다가 돌아가면
이마가 훤한 햇살이
남은 흥을 이어서 놀기도 한다.

오래된 그림책을 펼치면
병풍 두른 바위에서

고래들이 몰려나오기도 한다.

씩씩한 어부들은
배를 타고 먼바다를 살피며
거북이나 물고기의 노는 모양을
하나하나 기억하고
어린 것들이 커가는 모양도 지켜주었다.

오래된 그림책 속에서
불려나온 사람들이
싱글싱글 바람이 산길을 채우는 때를 보아
가까이 지내는 짐승들 줄 세우고
이름 불러주고 있다.

길

탄탄대로만이 길이 아니다.
사람들이 밟고 지나간 자리에 남은 흔적은 다 길이다.
알려지지 않은 재능과 호기심과 자신감을 가지고
멀고 아스라한 곳을 바라볼 때
인생의 실마리가 되어주는 것이 길이다.

길이란 희망과 열정과 용기를 준비하고
무심히 보지 않고 그냥 지나치지 않는 습성이
열어가는 새로운 경지의 언어다.
이제나저제나 하다가 꿈결인 양 듣는
어린아이의 생애 첫 발언처럼 신비하고 고귀하고
말갛게 빛나고 풋풋하고 향기로운 시작이다.

사람들은 모르는 사이에 익숙한 길로만 다닌다.
굳이 애쓰지 않아도 길이 있다는 것을 고마워하면서
그래서 편하게 갈 수 있는 길을 알아서
행운이라 하고 자신만만해하고
어떤 사람들은 그것을 능력이라 여기기도 한다.

그렇지만 생각해보면
그것은 좀 미지근하지 않은가.
특별한 사람이 아니라도 때때로
길을 내면서 가보고 싶은 욕망이 우리를 숨 쉬게 하고
수풀이 우거진 사이로 발자국을 내놓고
돌아보는 기쁨도 있지 않겠는가.

모두가 다니는 길만이 길이 아니다.
저절로 익숙한 대로 따라가는 길에는
손쉽고 편리한 것들이 거의 준비되어 있어서
구태여 노력하지 않아도 마침내 원하는 곳에 도달하겠지만
우리가 서둘러 주저앉지 않으면
외진 곳에 또 다른 풍경의 길이 생기기도 할 것이다.

겨울 철새

애매하게 살고 싶은 생각이 아니면
후련하게 소리도 질러보고
망설이지 말고 늦기 전에 길을 찾아보자.
비로소 살아있다는 것이 생생해지고 만만해질 것이다.
희망이 보이지 않는다고 투덜대기 전에
새벽부터 나가서 길을 쓸어두면
눈이 내려서 하얀 새벽길에
기다리던 희망이 낮게 걸어서 오려는지
사람들은 때때로 무슨 일이든지 뒤늦게 깨닫기도 하느니
태화강 겨울 철새가 침침한 눈을 닦아주었듯이
새벽 강물에 씻어낼 것들이 오죽 많은가.
경건하게 가르침을 청하는 말을 하고
돌아서며 잊어버리는 짓을 반복하더라도
겨울 강가에서 찾아내야 할 것을 생각하자.
강물이 얼면서 생긴 너테는 한데서 밤새운 희망이
잔정 같은 햇살을 반기는 얼굴이다.
희망은 그렇게 살아있다는 것을 보여주고
가끔은 혼자서 목청을 살리기도 하느니

언제까지 애매하게 살고 싶지 않으면
태화강에 나가 겨울 철새를 지켜보면서
미적지근한 햇살이 가슴을 채우고 끓을 때까지 숨을 들이마시자.

순한 풍경

가을이 누렇게 익었다.
늙은 호박처럼

호박은 늙어 단맛이 난다.
사람도 늙으면
그랬으면 좋겠다.

가을이 순하게 물들었다.
하늘색 바탕에는
구름무늬도 어울린다.

가을에는
늙은 호박이나
순한 마음을 보는 것도
좋은 약이 된다.

문 영

지평선

먼지가 집을 짓고 바람이 옷을 만든 지평선이란 무엇인가

삶의 비애가 나대고 꿈틀거린다면 지평선이 우리에게 준 선물
누구도 피해가지 못하는 통곡이 있다면 우리가 맞이해야 할 위로
쓰러져야만 생을 세우는 슬픔을 마시며 걸어야 하는 길

끝과 시작이 부부로 사는 지평선은 또 무엇인가

기억 바깥을 헤매다

요양원 길에서 노인을 태웠다
부인을 만나러 간단다

초겨울 나뭇가지들이 바람에 매를 맞는다

밥그릇을 안고 등을 돌리는
할멈이 나를 알지 못한다고 중얼거린다

되돌아 나오지 못하는 날이 뿌연 스모그에 갇혔다

사랑은 기억 안에서 머물다 바깥으로 자리를 옮겨갔다

봄날에 경배하다

오리들이 도시 개천에서 노닥거린다
모가지를 스프링처럼 구부렸다 젖혔다
밥을 구걸하다, 하수구 물에
젖은 몸을 털기도 한다

벚꽃 환송 축제에 취한 시인은
시멘트 바닥을 향해 목례를 한다
꽃잎이 떨어진다, 흰 머리칼이
오리목처럼 쓸쓸하다

세상이 더러워서가 아니라 야비해서
오리는 고개를 꾸벅이는 거라고
벚나무들이 꽃잎을 흩뿌리며 손을 흔들듯
생을 위해 어떤 목숨은 떠나는 거라고
봄날에 시인은 경배를 한다

수평선

연해주로 가는 유월 봄 바다
시랜드 호는 물거품으로 뱃길을 잡는다
하늘은 말하지 않아도 별빛을 찍어
누구에게는 곡음이었을 길을 밝히지만,

내 눈은 바다를 기어 다닌다

바람은 동해에서 불어와, 젊은 아버지
오징어잡이 집어등을 켜놓고
흑백의 시간 속으로 흘러갔다
울컥 성내며 욕 때리는 일밖에 취미라곤 없는 아버지

내 몸은 수평선을 걷는다

헝겊 조각 같은 생이 펄럭인다
떠돌이별을 외우고
외로움을 번역하는 입술이
삶의 동냥 배낭을 메고 가는 상처를 읽는다

가슴앓이와 멀미는 바람이 하는 일이지만
함께 나란히 가야만 하는
용서가 수평선을 낳는다고,

바다가 마음에 푸른 아이 라인을 그린다

신진우 씨 댁 농가 · 2

서생* 바다 가까이 살던
신진우 씨 댁 농가는 어디로 갔나
탱자나무 울타리는 어디로 갔나
실종신고를 내어도 돌아오지 않는
주인을 찾으러 갔나
감나무 아래 놀던 닭이며 강아지들은
대숲 푸른 뱀이며 참새떼는 다 어디로 갔나
과수원 배꽃은 어디로 갔기에 코빼기도 보이지 않나
털털, 털던 경운기 길이여
바다소리를 따라 낮게 흐르던 도랑물이여
가스불에 저녁이 익던 집
공손히 인사하던 밥상은 어디로 갔나
핵발전소 동굴을 따라 갔나
죽음은 주검을 모르기에 감옥 돔을 지었나

복원되지 않는, 파일의 생이여
충전되지 않는, 목숨의 단층이여

사람의 집은 어디에 있나
신진우 씨 댁 농가는 어디로 갔나

* 울산 울주군 바닷가 마을로 신고리 원전발전소가 새로 건설되었다.

노동과 자본에 대한 물음

공중에 길 내며 가는 새떼
우두머리 새가 방향 바꾸어
눈 맞추러 올 때 고도를 높여
피해갔다는 조종사

어떤 마음이 비행기 길을 바꾼 것일까
온몸으로 돌진한 새는 어떤 눈빛이었을까

고공 농성의 노동
방탄 유리벽 자본

박정옥

친구의 전설

남해에 와서
하늘로 바다로
자주 길을 잃는다

나무 밑에 앉아서
해가 이울도록
바다를 바라보며
120억 년에 출발한
너를 기다린다
생애를 걸고

나는 점점 섬이 되고
우리는 서로 고독으로 빛났다

노근리 철교 아래 우리

경부고속도로를 지날 때마다
횡간에 가고 싶었다
황간을 잘못 읽은 첫 마음이
전생의 방랑으로 불쑥 솟아
마음의 간이역에
묵직하고 격하게
선로를 깔았다
영동을 지나 황간과 횡간 그 어디쯤
차를 타고 굴다리를 지날 때
늘 쑤시던 옆구리 근처, 노근리*
노근노근 자근자근
시원스레 혈이 돌 수 없는
수백 마리 짐승의 불면을 건넜다

생각해보면 두 개의 굴다리는
우리를 짐승으로 바라보며
견딘 게 아닐까 그래서
내가 생각했던 횡간을 따라

지구 반대편까지 깊숙이
죽은 듯 뿌리 내리고
우리가 거두기를 기다리는지도 몰라

* 1950년 미군이 양민 300여 명을 사살한 현장

다빈치처럼

반구대암각화에 가면
돌아서다 자주 발길을 멈추게 된다
으스스 허물어지는 얇은 벽을 붙들고
바위 속에서 자꾸 누가 부른다
돌 속에 갇힌 아득한 소리

돌의 시간을 꺼내고 싶어
우리에 갇힌 아우성을 방류하고 싶어
애초 이것들은 누군가의 설계도이며
우리에게 던진 게임의 도전장이다
그는 기호학자이고 우리들은 독자이며

음각의 기호가 죽어있는 마을
코끼리 게임으로 동심원을 돌면
헐거운 시간의 나사가 조여지고
모든 소리를 걸어 잠근
선명한 기호의 입구가 드러날 거야

바위엔 어떤 복선이 깔려있을지 몰라
아니 메로빙거 왕조의 반전이 똬리 틀고 있을 거야
방심은 뒤통수를 후려친다지
거대한 고래가 부뚜막에 꽂히고
카누가 울타리를 빗질하고
멧돼지의 식도가 태양을 향해 웃는다

뾰족 턱을 가진 네안데르탈인
비탈길 내려오던 벌거벗은 남자
아랫도리 더욱 부풀어 환해지며
바위에 박힌 화살촉을 뽑자 대곡천
생몰연대의 시간이 콸콸 쏟아졌다

저 소리 물속에서도 목이 타겠다

매우 유교적인

행복한 여자가 나오는 코미디를 보면 코가 맹맹해진다 미끄덩한 점액질이 양서류처럼 끈적끈적하게, 행복한 여자는 난을 많이 갖고 있대 실패를 코미디로 하는 남자의 난(卵)은 복새풀처럼 게알게알 늘어났대 총총 행복하느라 옆구리에 돌이 생겼대 웃어봐 행복하니까 행복한 여자의 남자가 새벽에 딸기코를 만들어 푸아푸아 침대로 들어오면 발가락으로 새알처럼 떨어뜨린대 다치지 않게, 기어오르게, 짹짹 날아갈까 봐 알이 그런 거래 옆구리 돌을 잡고 그렁그렁 짹짹 웃고 있어

포장은 힘이 세다

목숨 던진 연애는 추락사하였다 올인했던 주가는 개끗발로 채무의 뿌리는 참으로 길었다 수술자국 난 목선에 이름이 예쁜 젤로다 안티로이드는 홀대해서는 안되는 혈맹으로 동거에 들어갔다 동거기간 중 장기매매 번호를 히든카드로 쓸 수 있다 주어진 생의 대본에 하루 몇 번씩 오기로 빼기며 즐겁다 참을 수 없을 만큼 재밌다고 뻥치는 처참한 풍요를 거머쥔다 아닌 척 속아주고 끄덕끄덕 맞장구치고 눈물이 번지도록 찐하게 웃으며 아주 행복하다고 점잖게 주머니 시계를 꺼내는 게 요령이자 특권이다 상실이 구름버섯만큼 번졌다면 많은 시도가 있었고 수많은 실수는 고해성사보다 훌륭하다 별에 이를 수 없던 절망이 아니라 품었던 별을 능멸할 수 있어야 한다. 날마다 짜릿해 죽겠다는 근사한 표정의 짧은 수식은 최고의 로맨틱, 아무도 이 신비한 힘에 대해 알 수 없도록 포장 수위를 높이는 A급 보균자들.

환영합니다!

카페 캐플릿

사랑에 대하여 생각하다가 비극이 포르말린처럼 오래갈 것 같아 오늘도 캐플릿 카페에서 그를 털어버렸지 이곳은 외곽지대가 아닌 성안에서도 북향, 북향은 음울해서 좋아 사랑은 대대손손 비극적인 반목이 있어야 아름다운 거지 줄리엣이라면 캐플릿가(家)와 몬테규가(家) 사이에 식충이 티볼트 세워놓고 맛있게 비극을 씹었을 거야 그러나 일요일만은 옆의 교회당에서 즐거운 장송곡을 뿌리거든 즐거운 건 딱 질색이야 바람이 퍽! 눈을 갈기거나 비가 무릎을 세우고 예각으로 들이칠 때 두 가문 사이 긴장의 오르가슴을 마셔보는 거야 사랑의 중심부에 칼을 겨누고 내리칠 수 있는 자 건배하라! 나의 캐플릿

흐르는 길

남해 다랑이논은

파도의 근육이다

섬과 섬을 당기는

그 탄력으로

몸을 뛰쳐나와

생애를 갈아엎은

떨림이다

수없이 떠밀던

손의 고함이다

뭉크를 따라

새벽안개 길 정지선이 없어
모네를 껴입은 몽롱한 색채가 달려든다
말할 것이 많은 저 인상주의 저음들
저음으로 오는 옆구리의 서늘함
서늘함으로 발랄한 새벽을 돌진하는

대형 트럭 위에
사건의 중심인 듯
납작 포개진 폐차들
전방만 주시하던 핏발선 라이터가
밤새 취조를 끝낸 것처럼
부르르 진저리친다 내 옆구리를 치듯,
개처럼 캔처럼 구겨진 체념
자못 탄력적이어서
왕왕 충견처럼 짖어댄다
새벽을 엎어버릴 기세로

한때 주인 따라 맹주(猛走)하던 반듯한 입성들

그 끝이 낡음이라는 걸 알기까지
입체적으로 굴러온 야수파들
내가 천사를 그리길 원한다면 내게 그 천사를 보여주시
오*
현장을 꽉 앙다문 오늘의 사실주의들이
다정한 존재처럼 부둥켜서
거침없이 찔러대고 있다 서로
부러진 감각을 세우듯
절규하는 사랑이듯
커브 길에서 무시로
방심한 전복을 꿈꾸는
전륜 후륜의 동력에 맞물린
이 사태가 저들의 이데올로기다

* 사실주의 거장 쿠르베가 했던 말

박종해

사탕 비눗방울

달콤한 것은 오래가지 못한다.
허무의 거품 속에 들앉은 잃어버린 얼굴
꿈꾸고 있는 투명한 육체의 집
그 집안에 서려있는
바람의 기억들이 빠져나가고
달의 흰 뼈들이 숲 속에 내려앉는다.
잠을 깬 종소리들이 소리의 그물로 숲을 덮는다.
꿀을 빨던 벌들의 옷자락이 벗겨진다.
그녀는 그렇게도 쉽사리 기억의 빗장을 잠글 수 있을까.
사탕 비눗방울이 나비의 기억을 물고 날아다닌다.
어둠 속에 폭죽처럼 피어올라 산산이 흩어진다.
격정으로 몸을 떨던 파도는
그녀의 옷자락에 스미어 물거품이 된다.

뱀은 허물을 벗어놓고
어디로 간 것일까.

그대를 위한 노래

매미가 극성스럽게 우는 것은
수컷이 암컷을 위해 부르는 노래라고

내가 소리 높여 울어 본다면
가버린 그대가 돌아올 수 있을까.

하염없이 흘러가는 강가 언덕에 앉아
나는 소리 내어 울려고 해도
울음이 나오질 않네.

강물이 소리죽여 흐르듯
내 마음은 조용히 울고 있는 걸까.

미루나무 잎새가 반짝이며
매미소리를 멀리멀리 날려보낸다.

울고 있는 매미들이 나를 대신하여
바람을 타고 그대 곁으로

일제히 날갯짓을 한다.

단풍나무 밑에서

단풍잎 하나가 나뭇가지에 매달려있다.
바람이 곧 앗아갈 듯
대지가 그를 받아주려고
손바닥을 펼치고 있다.

나는 우주의 어느 끝에 매달려
대롱거리고 있는가.
알지 못할 신이
나를 받아주려고 손바닥을 펴고 있는가.

12월은

한평생을 잘 먹지도, 입지도 못하면서
추위와 기한에 떨며
새우젓을 팔아 모은 돈을 모두
장학금으로 기부한 할머니.

그 새우젓 장사 할머니를 찾아가면
시장 안이 화안하다.
숭고한 할머니의 일생이
겨울에도 시장바닥을 훈훈하게 한다.

나무는 한 해의 가장 아름다운 옷을 입고
청자빛 하늘을 이고 서 있다.
아름다운 옷을 입게 해준 대지에게
제 옷을 돌려주려고 팔을 벌려
옷을 한 겹씩 뜯어 날린다.
한 해의 마지막 가는 달, 12월은
내가 받은 모든 것을 돌려주는, 베푸는 달이다.

풀잎

소나무 등걸처럼 굽은 어깨를 늘어뜨리고,
노인이 손수레를 끌고 간다.
폐지, 빈 박스 등을 가득 싣고
다 팔아보았자, 술 한잔 값밖에 안되는 것을
노인은 하루의 생활을 끌고 간다.
철근 콘크리트 덩이처럼 육중한 생활의 무게에 눌려
금방이라도 까무라칠 듯이 노인은 기진맥진이다

따가운 햇볕이 손수레와 노인의 등에 쏟아진다.
노인은 아이스크림처럼 녹아내려서
손수레를 세워두고 길가에 걸터앉는다.

보드블록 틈 사이로
풀꽃이 빠끔히 내다보며
살래살래 몸을 흔든다.

노인은 풀잎처럼 아주 작아져서
길가는 사람들에겐 보이지 않는다.

절벽에 기대어

철제육교의 한구석에
풀대가 자라서 바람에 나부낀다.

흙도 물기도 머물 수 없는 딱딱한 쇠 바닥
어떻게 풀이 자랄 수 있을까
이 막강한 생명력 앞에
나는 고개를 숙인다.

그 아래로 차들이 경적을 울리며 지나가지만
이 가녀린 풀대궁을 보아주는 사람은 아무도 없다.
얼마나 많은 먼지가 쌓이고 쌓여서
비가 촘촘히 내려 먼지를 버무리고
백지장처럼 얇은 흙바닥이 되었을 때
바람이 풀씨를 데리고 여기까지 온 것일까

육교 한구석에 가녀린 풀대궁이
뼈만 남은 사람처럼
온힘을 다해 한들거리고 있다.

폐가 Ⅰ

싸늘한 바람이 집 주위를 맴돌았다.
개떼들은 사람들의 발목을 잡고 늘어졌다.
무엇이든지 부숴버리고 무너뜨리고 내던졌다.
수레들이 언덕 아래로 곤두박질쳐 내려앉고
언덕이 무너지고 산이 우두커니 내려앉았다.

개들은 거리를 뛰쳐 다니며
나팔수를 찾았다.

자유를 무너뜨린 방종의 나팔수가
어지럽게 거리의 끝까지 행군했다.

붉은 띠를 맨 개떼들이 무어라 지껄이며
나팔수의 뒤를 따랐다.

거대한 산이 무너져
개떼들과 집들을 먼지처럼 깔고 앉았다.

개도 사람도 먼지처럼 날아갔다.

폐가 Ⅱ

네가 망해야 내가 산다고
상처주고 흠집내고 발목을 잡던 개떼들이
무너진 집에 깔려 핵핵거리고 있었다.

캄캄한 밤이 깨어진 창문 밖으로
삼켜버린 어둠을 뱉어내고 있었다.

삽시간에 붉은 물결이 밀려오고
꽃이 말라버린 가시가 지붕 위에 무수히 돋아났다.

검은 입들이 밝은 달을 먹어치우며
집 주위를 독버섯처럼 퍼져나갔다.

폐가 Ⅲ

강에는 고기떼들이 눈을 까집고 떠올랐다.
하늘에는 새떼들이 새카맣게 타서
땅 위로 떨어졌다.

바람이 휘몰아쳐 장막을 날려버리자.
개들이 우글거리며 한꺼번에 짖어대었다.

이미 거리에는 숨을 멈춘 시신들이 나뒹굴고
악마의 손이 칡뿌리처럼 뻗어 올랐다.

무엇이든지 딴지를 걸던 개떼들이
입이 뭉개져 쓰러지고 있었다.
붉은 물결이 밀려오다가 멈춰서
하늘로 치솟고 있었다.
개떼들이 짖어대다가 붉은 물기둥에 휩싸여
온몸이 찢겨져 산지사방 흩어져 내렸다.

사과에 대한 이야기

사과를 좋아하는 사람이 있었다.
앉아서도 사과, 서서도 사과
입버릇처럼 사과만 되뇌이면서
아무 일도 하지 않았다.

거리를 뛰쳐나가
사과를 달라고 외쳐대었다.

빨간 사과가 무르익는 과원은
어디에도 없다.

그는 물 한 모금 먹지 않고
헛소리처럼 사과를 달라고 울부짖었다.

그리고 그는 아무도 봐주지 않는
쓸쓸한 거리에서
외롭게 죽어갔다.

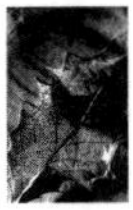

배정희

당신의 시

나는 잠든 때
당신은 시를 쓰네.
당신의 언어는
내 잠속 꿈처럼
독해되지 않네.
내가 우는데
당신은 시를 쓰네.
당신의 시는
내 울음처럼 단단하네.
오래전 내가 버린 말들을
느릿느릿 거두어
당신은 오늘도 시를 쓰네.
독해되지 않는 당신은
밤마다 꿈으로 찾아와
슬프고 아름다운 시를
잠처럼 몽롱하게 읽어주네.

풍경

—법기 수원지

마른 편백나무들의 직립
내 영혼도 저렇게 군살 없이
곧고 푸르게 자라던 때가 있었다.
오래된 편백나무숲에서는
말을 잊어도 좋으리.
나무 의자에
등을 맞대고 책을 읽는 연인
세상이 저렇게 고요하고
아름다운 때가 한때뿐이리.
하염없는 고요를 위해
편백나무는
의심 없는 사랑의 그늘을 만들어준다.
빈 유모차에 몸을 맡긴 할머니는
다리를 절며
거대한 편백나무숲을 밀고 가고
빨간 모자를 쓴 여인은
출입금지 팻말이 붙은
말 없는 편백나무 옆에서

기념사진을 찍는다.
이 숲을 나서면
책장을 덮듯 고요도 사라지고
기념할 일들은 좀처럼 없으리.
마르고 키 큰 편백나무숲에서
나는 마음 가득한
그리움의 저수지까지 걸어갔다.
햇볕 속에
천천히 발을 옮기며
편백나무 서늘한 숨소리를 들어주었다.

두보를 읽다

봄비 내리는 밤
며칠째 두보를 읽는다.

온몸에 시가 가득했을까?
슬픔의 다른 이름이었을지도
자미여, 그대의 무능을 탓하지 마시라.

굶어죽은 딸을 그는 몸속
어디에 묻었을까?

아비된 자의 통절함
편편이 주옥이 아니면
죽어서도 쉬지 않으리.

그의 몸속에 딸애 울음처럼
시가 넘쳤을지도 모를 일이다.

며칠째 두보를 읽는 밤

봄비가 거칠게 내리고 있다.

TV 시청기
—아버지의 나라

—못 돌아가실 때 마음이 어떻습니까?
—마음이 안 좋지 뭐…
아무렇지도 않은 듯 대답하는 그
끝내 울음을 터뜨린다.
세 살 된 딸과 임신한 아내를
일본 땅에 남겨두고
참전하기 위해
스물다섯에 바다를 건너온 그

기자가 다시 묻는다.
식상해서 사무치는 질문을
—어떨 때 가장 보고 싶으세요?
—그냥 보통… 밤이면…
말을 잇지 못하는 그
그냥 보통…
언제나 보고 싶다는 말의
행간에 갇혀
울컥 그의 그리움이

내 몸으로 뻗쳐온다.
여든여덟이 되어도
오래 삭히며 늙고 낡아도
바래지 않는 그리움
기자야 당연히 해야 할 질문이겠지만
그는 듣고 싶지 않았을지도 모를 물음들

차라리 그가 질문해야 했다.
아버지의 나라를 위해 싸웠던 대가가
가슴에 한을 쌓는 일이라니
잘못되어도 한참 잘못된 게 아니냐고
조국이여
그렇게 생각하지 않느냐고
그의 울음에 내 눈물을 보태면서
그분들 희생에 후손이 이렇게 산다는 말
그런 감사마저도
사무치게 미안한 날이다.

기일

고침단명이라 말씀하시며
베개를 높이 돋우시던 아버지
그 말씀처럼 일찍
세상을 저버렸지
아버지 제사를 모신지도
스물여덟 해
당신의 알뜰한 유산
다섯 자식은
가난한 부모가 되어
늙어가는데
아버지,
당신께서는
슬픔이 많아 흰머리도 많았던
스물여덟 해 전 모습으로
여전하시다.

봄날에

바람이 우네.
크고 순한 짐승처럼
어느 흐린 날
꽃잎이 지고
당신이 운다면
저 바람처럼
나
한없이 크고 순한 짐승이 되어
그대 울음을 핥아주겠네.

목욕 삼대

그녀는
앙상한 여인의 몸 구석구석 닦아낸다.
정물 같은 여인의 몸을 만지는
살뜰한 손길
그녀의 손길이 지나는 자리마다
그녀를 닮은 아가씨가
바가지로 물을 떠
조심조심
늙은 여인의 몸을 씻어낸다
—친정 엄맙니까?
그녀의 손길이 하도 알뜰해선지
옆자리 여자가 묻는다.
—시어머니요.
—구십은 됐겠소?
—팔십밖에 안됐어요. 자식들 키우느라 진이 다 빠져서 이렇지요.
—아주머니 딸은 남의 집 가면 좋은 며느리가 되겠소?
—그렇다면 다행이지만 내 속으로 난 자식이라도 어찌

알아요?

그녀는 물을 뿌려주는 딸을 한번 쳐다본다.
내 부모 아니라도
늙고 병든 이가 제일 서럽노라고
왕후장상도 그 길 피할 수 없으니
어른을 공경하고 애틋하게 여겨야 한다고
그녀는 자신을 닮은 딸에게 중얼중얼 읊조린다.
물바가지를 든 아가씨는 설법을 몸으로 옮기듯
정성으로 늙은 여인의 몸을 씻어낸다.
천 개의 손을 가진 관음보살이
여기 세 여인으로 몸을 나눠
21세기 옥수탕에 현신한 듯
때를 씻는 벌거벗은 여인들
목욕 삼대
장엄한 광경에 숙연해진 찰나.

우기(雨期)

마늘을 다지고
양파를 썰고
말랑말랑한 두부를 자를 때조차
이를 악문다.
국물 간을 보기 전에도
프라이팬을 달구어놓고
연약한 계란 한 알 깨어 놓을 때도
이를 악문다.
가벼운 독서를 할 때
짧은 글 몇 줄 시작하기 전에
왼손 오른손
자음과 모음의 자판을 따라갈 때
온몸의 힘이 몸의 문으로 모인 듯
이를 악물고 있다.
밥 벌어 먹고 살기가 힘들다고
한 술 따뜻한 밥상을 마련하기가
이 악물지 않으면 더없이 힘들다고
나보다 먼저 몸이 감지한 탓일까?

여태 이 악물고 살아온 생
나머지 삶은 부드러워야 할 텐데
소름으로 돋아나는 생의 압력
간밤에 일가족 세 명이 자살했다는 아침
이를 악물지 않으면 살아남기 어렵다고
온몸으로 해독하는 지독한 우기(雨期).

금오신화 독후에

귀신과 연애를 하다니
미쳐도 한참 미친 일이다.
따뜻한 육신과는
손 맞잡을 엄두조차 나지 않는
앉은뱅이처럼
불구가 되어버린
외로움의 끝자락
온기 없는 몸뚱이와 뒹굴고
캄캄한 명부에서
들어주는 이 없는 시
홀로 읊조리면서
귀신이 아니라면 이해 못하리라는
우뚝한 자만
그 속에 서린 끝 모를 자기혐오
영혼과 육신
온전히 불구가 된 못난 사내의 서러운 얘기
귀신과 그 짓을 하다니
미쳐도 제대로 미칠 일이다.

신춘희

맙소사!

한 시민의 장례미사가 열리는 월평성당 안에서였다
미사 말미에 고별예식을 마치고 관이 바깥으로 옮겨지고 있었다
앞자리 중년 여성이 가방 속에서 휴대전화를 꺼내 들었다
눈에서는 눈물이 하염없이 흐르는데,
흘러서 울음의 강을 이루는데,
손은 휴대전화의 카메라를 켜고 있었다
관 쪽으로 초점을 맞추고 있었다
찰칵찰칵 찰칵찰칵
찰칵찰칵 찰칵찰칵
맙소사!

꽃

벼랑의 꽃은 절박하다
잎을 피우고,
씨를 맺고,
떨어지는
사이,
사이에,
생사를 건다
극락과 지옥이다

너에게 나를 보낸다

이 스산한 계절에
마음아 울지마
둥근 달의 뒤편처럼
우울해하지 마
책방의 여행서적처럼
그리워하지 마
같이 있거나
떨어져 있거나
외롭기는 매한가지
갈밭에 엉긴 안개처럼
응달에 돋은 서리처럼
이슬에 깃든 햇빛처럼
다 그렇게 사는 거야
스산한 계절에
너에게 나를 보낸다
마음아, 울지마

인생이란 무엇인가

풍경 1—선방에서 정진하던 스님들이 저녁공양을 하러 걸어 나오고 있다

풍경 2—비가 개면서 새뜻하게 단장한 산허리로 자욱한 안개가 피어오른다

인생이란 무엇인가?

입하(立夏)

절기상 여름이 시작된다는 입하입니다
장난삼아 '이파, 이파' 하고 불러봅니다

오늘 전국적으로 맑고 화창한 봄 날씨가 펼쳐지면서 들꽃학습원은 아이들과 함께 추억을 만들기 위한 가족 단위의 관람객들이 발걸음하고 있습니다. 들꽃도 보고 곳곳에 조성된 산책로를 걸으며 화창한 봄 날씨를 만끽하고 있습니다. 오늘 우리나라는 동해안 지역을 중심으로 바람이 강하게 불겠습니다만, 대체로 맑습니다. 오늘 낮 역시 어제만큼 포근하겠습니다.

들꽃학습원 주차장에서 잔디밭으로 오르는 돌계단 우측에 오동나무가 있습니다
그 나무 아래 팔순의 부부가 앉아서 두 손 꼬옥 잡고 햇빛을 쬐고 있습니다
이 빠진 얼굴이 아기같이 환합니다

사랑에 대해서 생각하다

한 여자에게서 다른 한 여자에게로 건너가는 일은 대단하다
어느 시인처럼 어마어마한 일이다, 라고 노래하고 싶지만,
욕을 물배 채우듯 마실 말이기도 해서
말문을 굳게 닫고 산다는
신정시장 소머리 집 김씨와 낫술을 마신다
오방색 앞치마를 둘러 입고
손님 테이블 사이를 분주히 오가며
깍두기와 고기 접시를 내려놓고
하품이 나오면 즉석에서 붉은 입술 팔랑 개봉하는
잔망스러운 김씨의 아내를 보면서
지고지순 어쩌고 하는 사랑의 고전적 정의에 대해 생각한다
지금도 저 김씨 부부의 마음속에는
서로의 다른 남자와 여자에게로 건너가려는
욕망이 꿈틀거리고 있을까, 의심하다가
아무래도 한 여자가 처녀이거나 유부녀이냐에 따라

한 남자가 유부남이거나 총각이냐에 따라
두려움과 두근거림의 강도가 달라질 수 있을 것이다
라고, 정의하면서, 소주를 털어 넣는다
아무래도 사랑은 아슬하고 짜릿해야 제맛이다

아내가 여자로서 예쁘게 느껴질 때

봄날 버스를 타고 가다가
창 밖을 내다보면서
나이와 전혀 어울리지 않게
어머, 어머, 저 꽃 봐, 감탄하다가
문득 창 안으로 시선을 돌려
건너편 좌석의 젊은 남녀가
손가락으로 스킨십을 주고받는 것을 보면서
자연스럽게 입술 꼬리가 올라가다가
그것이 웃음의 발원지가 되어
눈가에 실개울을 그려놓고
결국은 세월의 굽은 등을 밀듯이
울주군 상북면 덕현리 석남사 골짜기
가이없는, 연애 시절로
가만히 내 마음을, 데려갈 때

저녁의, 어느 한 풍경을, 그리다

그들이 왔다 그들은, 차에서 내려, 황급히 강으로 갔다 가마니가 사체를 덮고 있었다 저벅저벅 저벅저벅 구두소리가 요란했다 물소리 곁에서, 귀때기 하얀 안개가 안절부절하다가 사체의 콧구멍 속으로 숨어들었다 바람도 불지 않고, 새소리도 사라졌다 꽃들은 향기를 닫았다 물가는 적막하고, 건조했다 상황을 간파한 노을이 수직의 창을 닫았다 형체 없는 것들이, 잠복근무에 들어갔다 고양이가 어둠 속에서, 울음을, 비수처럼, 던졌다 주유소 담벼락에, 시든 담장이처럼 내가, 납작 붙어있었다

장미에게 말을 걸다

그야말로 개판인 정치판에도
봄날의 햇살 같은 평화가 찾아오고
당신은 좌파입니까 우파입니까
묻는 초록에게 빈정대듯이
나는 양파다, 라고 받아치는
너는 누구인가
얼굴 근육 왕창 일그러뜨리면서
가시에게 아주 못마땅한 듯 퉁박을 주는
너는 누구인가
비열하고 치사한 자식
야, 너 지금 뭐라고 했어!
개판 오 분 전이라라고 했다! 어쩔래!
드러나지 않았던 사물의 본성이
급격히 수면 위로 올라올 때,
그 순간을 목격할 수밖에 없었던
참담한 주변 풍경이여
푸른 줄기 뒤에 숨은 가시가 서늘하다
까칠한 소름 곤두선다

사넬 넘버 파이브,

엘리자베스의 눈 같은,

데모라 카의 코 같은,

마릴린 먼로의 입술 같은,

제인민스필드의 젖가슴 같은,

지나 롤로부리지다의 각선미 같은,

너는 누구냐

오! 햇빛

그가, 왔다
그가, 누구냐고?
너다!
익명의 너,
익명의 너,
익명의 너,
너, 너, 너, 너, 너……
그래도 모르겠니?
벗이여, 이웃이여, 동지여, 선배 제현이여
진실을 가장한 수많은 사이비여
지금 이 순간에도
정치권을 기웃대는,
법조계에 줄을 대는,
보조금에 목을 매는,
포럼에 집착하는,
사바사바 사바사바
하루살이떼여
선암동 호수공원을 걷고 있다

물소리, 없다
바람소리, 없다
새소리, 없다
호수 전체가 적멸보궁이다
오, 햇빛!
반야바라밀다
부처다

임 윤

기울어진 아무르 숲

시베리아 자작나무숲, 샛강이 흐르는 평원에 사선으로 들리는 뻐꾸기 울음

관목 사이로 파고든 햇살에 가벼운 눈꺼풀로 흔들리는 야생화들

목을 쭉쭉 늘어뜨린 자작나무숲은 질주를 멈춘 얼룩말 무리 같다

숲은 얼룩으로 만든 집이다

나무껍질무늬 포인트 벽지를 배경으로 흰옷에 상투 튼 얼굴들은 사선을 긋는 햇살 뒤편으로 얼룩에 잠식당하듯 사라졌다

숲이 시작된 곳부터 겨울은 눈을 비벼댄다

나뭇잎이 보료처럼 깔린 바닥, 쓰러진 나무에 등을 기댄 채 숲을 바라보면 수직으로 서 있던 나무도 야생화도 사선으로 기울어지고 햇살은 다시 얼굴에 수직으로 쏟아진다

기찻길 저편, 자작나무를 닮은 사람들은 어디로 실려 갔을까

눈꺼풀이 닫히는 파란 눈의 인형처럼 바닥에 누워 눈을 감았다

기울어진 과거의 영상이 얼룩과 뒤섞여 파노라마로 펼쳐질 때 어디선가 총성이 울렸다

얼룩이 쓰러진 자리에 나뭇잎이 햇살을 가려 빼꾸기는 더 이상 사선으로 울지 않았다

디아스포라

꼬리는 무거운 그림자만 남기고 발자국 속으로 사라졌다
덜컹대는 걸음으로 역사를 지나가는 기차
시베리아 거쳐 우랄을 넘어 모스크바에 닿아도
우수리스크역 급수탑에 달린 고드름에는
햇살 몇 가닥 굴절되어 갇혀있겠지요
수형기간 끝나서도 탈출하지 못하던 빛은
끈질긴 집념이 연분홍으로 익어
봄의 들판에서 환생하는 들꽃처럼
고드름이 녹아 땅을 적시면 햇살은 피어날 겁니다
눈 위에 눈이 쌓여
절개지 단층마냥 잘라놓은 눈벽
선명한 먼지 층은 단절된 시간을 기록한 증거물인가
억압 정책이 남긴 고통의 잔해들
쁘찔로프카 평원에 선뜻 발 디딜 수 없어
눈밭에 서성대는 이방인이 됩니다
주인 잃은 어처구니없는 맷돌
모질게 날아드는 눈보라에 얼굴을 지워갈 뿐
시야를 가린 눈벽의 창살에 갇히더라도

층층이 선명한 기억은 언제쯤 녹아내릴까요
황무지에라도 죽은 나무를 심고*
꽃이 만발할 때까지 물을 주고 싶어도
분노와 평정 사이의 마음이 애타게 끓어
잿빛 구름 뒤덮인 시베리아에서
아직은 봄을 싹틀 줄 모르는 계절이라 부르고 싶습니다

* 타르코프스키 영화 「희생」에서 빌려옴

슬픈 강

앉은뱅이 엉겅퀴가 시든 얼굴로
마지막 남은 연보랏빛 꽃잎을 비벼댑니다
깨진 유리창 너머 아이들 눈동자가 사라져도
벌판은 다시 푸르게 자라겠지요
지평선의 끝을 잡고 한 바퀴 돌아보면
모든 길 활짝 열어놓은 평원
사위는 원으로 이루어진 하나의 직선일 뿐
우수리스크 수이푼강가에서
힘겨운 이소를 끝낸 굴뚝새의
숨죽여 날아가는 날갯소리를 듣습니다
식솔의 생계 이끌고
무작정 북쪽으로 떠나온 유민들 아우성인 양
곱은 손가락 타닥타닥 튕겨내는 장작불
바닥을 구르는 모래알갱이는 어디서 멈출 수 있을까
유허비* 휘돌아 흐르는 슬픈 강
그 강물 따라 해안선 가다보면
또 다른 아우성으로 떠도는 두만강을 만날 터
갈 수 없는 땅 곁에 두고

먹먹한 가슴에 스치는 서슬 푸른 바람
술 한잔에 큰절로
강의 슬픔 헤아리겠습니까만
지평으로 사라진 새소리 기억하려 애쓰듯
차츰 잊혀져가는 이름을 불러봅니다

* 보재 이상설 유허비

두만강 3

도문의 어둠은 물속으로 흐른다
가장자리로 퍼진 바람이 갈대숲을 허적거리면
어둠을 베어 문 불빛이 깜빡댄다
발아한 빛의 몸짓은 소통을 꿈꾸는 메시지인가
나들목은 한 길 몸속에 휘감긴
천 갈래 통로이던가
조카를 만나러 흑룡강성에서 온 박씨
후들거리는 걸음은 조중우호다리를 건너기전부터 운다
함경도 북청에서 온성군 남양까지
여자의 몸으로 무개차에 숨어 사흘 걸려 도착한 조카
얇은 바지 두 벌 껴입고는
초겨울 냉기를 수습하지 못해 발갛게 언 종아리
박씨와 조카는 한없이 운다
부둥켜안고 마냥 운다
울다 지쳤다가도 종아리 보고 다시 운다
강심으로 산란한 시선이 불빛을 헤아리는 밤
생의 배꼽을 잃어버린 아우성을 읽어보라
어둠이 내린 어딘가에서

소용돌이치며 흐느끼는 소리
강을 건너지 못한 그림자들이 바동거리는 소리
조금씩 국경을 두드리는 강 안개
퉁퉁 부은 두 사람의 눈에서 황톳물이 쏟아진다

무거운 겨울

완만한 지평의 둔부로 저무는 해를 바라본다
건조한 평원 내달려
앙상한 잡목의 허리 휘감는 바람
마두금소리 가슴에 파고들어 공명으로 울리면
허르헉 장작의 튀는 불꽃 위로
염장 지르듯 내리는 눈발
생은 한 발치 떨어져 닿을 듯 말듯 있기에
하루를 지탱해가는 발걸음은 무겁다
눈발에 사라진 유목의 길
상심한 시간 불사르면 다시 찾을 수 있을까
한쪽 볼에만 키스 하는 작별의 방식도
늘 베일 벗는 새벽이기에 서글프다
흔들리는 건초의 허리는
차가운 눈발 속에서 더욱 휘청거리는데
하층 구름과 상층 구름이 교차하는 지점엔
무지개와 번개가 공존하는 법
시든 초목 그 허약한 갈색 평원에 누워
무섭게 닥칠 겨울을 떠올린다

미세하게 들려오는 소리에도 긴장하는 본능
하얗게 지워져 가는
생존은 쓸쓸하고 두려운 시간이다

시력증후군

바람에 흔들리는 먼발치 나뭇잎의 손바닥은 또렷해도
코앞은 희미한 실루엣
각막에 갇힌 뱁새는 날지도 못할 날갯짓만 해댔다
탱탱한 새소리가 집을 뒤흔드는 불안
발톱이 쇠창살 스칠 때마다 통이 찢어진 기타소리가 났다
유리창은 눈물관이 막혀
창살 아래에 핀 민들레를 바라보지 못했다
페인트 벗겨진 두터운 얼룩
녹물 번진 눈꺼풀이 질러대는 투정에 수리공은 날짜를 잡으라 했다

창에 부딪치는 세찬 날갯짓
죽지로 탁탁 먼지 날리던 날
빛의 칼날을 꺼낸 수리공의 예리한 집도로
혼탁한 유리를 갈아치웠다
새집 관리요령을 내민 수리공은 숲으로 사라졌고

눈이 부셔 찡그린 미간에
상수리나무에 걸린 해가 덤으로 딸린 풍경이 저만치 몰려왔다

조리개를 밀고 당기면
민들레 손바닥의 실핏줄이 선명하게 보였다
너무나 환한 탓인가
무시로 새장이 더럽다고 잔소릴 해댔고
아침이면 널브러진 깃털 날린다며 부리를 조알거렸다

그저 멀리 숲만 바라보고 말걸
또렷이 보이는 건 발밑의 허접한 잡동사니뿐
먼지 바람 부는 들판으로
민들레 노란 웃음은 날려가고 말았다
수리공은 미처 부작용을 말해주지 않았다

도피와 탈출

아내의 손목은 낡은 티브이 채널에 붙잡혔고
방문을 걷어찬 발길은 목적이 없다
갈색 여행 가방 속에 포개진 겨울 셔츠와
돌돌 말린 양말들의 침묵
무작정 떠난다는 건
부제의 공간을 채우기 위한 도피만은 아니라는 걸
아직 겉핥기로 뒤적거릴 뿐
왁자한 육면체의 상자에서 쏟아지는
선거 앞둔 위선자들의 혀
해독하지 못할 야욕이
티브이 화면 방패 삼아 모스부호를 타전하고
주고받는 혀의 빈 껍질이
침 튀기며 방안을 휘젓도록
아내는 다시 티브이 채널을 만지작거린다
아우성과 침묵이 공존하는
탈출 불가능한 큐브의 뚜껑은 부숴버리고 말리라
정류장이 폐쇄된 행성의 궤도를 돌아
무거워진 눈꺼풀 가방에 구겨 넣고

혀만 떠다니는 공허한 도시의 담장을 넘어야겠다

땅따먹기

한여름 햇살이 싸리나무 울타리에 걸릴 즈음
연섭이는 울타리 너머서 나를 부르곤 했다
마당에 둥근 원을 그려놓고
강변에서 주워온 조약돌을 내려놓았다
친구라곤 둘뿐인 놀이는
엄지로 돌을 튕겨 금을 긋는 땅따먹기가 전부다
따먹을 땅도 없는 공유수면에 살면서
서로가 그어놓은 선을 피해가며 엄지로 조약돌을 튕겼다
맨땅에 그렸던 경계를 지우고 나서야
해거름에 울타리를 헤집고 집으로 돌아오곤 했었다
소유권이라곤 하나 없이 나이 들어버린 지금
어느 해 장마철, 큰 돌에 깔려 엄지를 잃어버린 친구를 떠올린다
엄지를 잃어버린 그는
어디에서 조약돌을 튕기고 있을까
콘크리트 구조물에 묻혀버린 자갈 강변
물수제비뜨던 그 많던 조약돌은 어디로 갔는가
콘크리트의 속셈을 대변한 녹조들이 바닥을 감춰버려

유년의 그림자는 더 이상 비치지 않는다
강변을 거닐다 보면
보고 싶고 안달이 나서 눈앞이 가물거린다

마카로니 웨스턴

졸개들이라 출신은 밝히지 않겠네. 한 녀석이 금괴를 꺼내면 다른 녀석은 권총을 겨누었지. 선술집 기둥에 배시시 웃고 있는 오백 달러짜리 'WANTED'.

건국신화 환상은 늘 소떼 먼지 자욱하게 부풀어 오르지. 달아나는 등을 향해 무표정하게 방아쇠를 당겼다네.

다시 할거시대 막이 올랐네. 난 휘—휘—휘파람을 불지. 감동적인 선율에 황야도 숨죽이곤 한다네. 이 장면에서 관객들은 환상에 사로잡히고 말거든.

고백건대 난 신사도를 지킨다네. 열 발짝 뒤로 물러서는 결투를 좋아하지. 상대에게 무기를 던져주며 마지막 대결을 펼치는 걸세. 쉿! 비밀이야. 상대편 총알은 죄 빼내버렸거든.

오늘 영화는 모래바람 부는 무주공산이네. 시가를 꼬나물었지만 연기는 피우진 않아. 금연 중이거든.

인디언이 몰려와도 난 끄떡없다네. 관(關)에 숨겨둔 기관총 한 자루면 거뜬하거든. 이번에 큰 건 하나 건지는 거라네. 선전선동에 휩싸인 멍청한 관객들은 부수입에 불과하지. 그들은 이성보단 옥보단이나 흑백의 대결에 더 열광한다니깐.

엔리오모리코네의 휘파람소리가 들리는군. 이제 라스트신을 준비해야 해. 무자비한 총격전이 될 걸세.

마지막으로 자네에게만 알려주겠네. 사실 내 직업은 코미디언이야. 전공이 원맨쇼지. 정신줄 놓은 관객은 정치인이라 착각도 한다더군.

막이 내리면 자축연에 참석 않겠나. 자넬 초청하고 싶네. 참! 권총의 안전고리 잠그는 걸 잊지 말게. 명심하게나.

먹잇감에선 늘 소름이 돋는다

밥벌이라도 해볼 양
창고로 쓰던 사무실을 헐값에 세 얻어
청소하려고 문을 열자
녹슨 출입문이 마지막 그림자의 기억을 더듬는다
적막이 흐르던 책상 틈에서
화들짝 날아오른 참새 한 마리
먹잇감은 되돌아나갈 길도 망각케 하는가
거미줄 친 창의 목구멍으로 들어왔다가
우당탕거리는 소리에 방향을 잃었나 보다
창문을 죄 열었지만
탈출구를 찾지 못해 맴도는 참새
몇 번인가 천장에 머리를 부딪치더니 깃털 몇 올 남기고
황급히 점으로 사라진다
길이 지워진 허공에서 추락하는 날개도 있듯이
더러 바닥을 걸어야 하는 종족들은
이구아수 폭포를 뚫는 칼새처럼 날렵하지 못하다
한바탕 소란 뒤 밀려오는 적막
갑자기 서늘한 바람이 불고 머리카락도 쭈뼛거린다

섬뜩한 기분에 사방을 둘러보니
먹이를 찾는 참새가 된
나는 갇히고 말았다

장상관

물의 지도

쉼표처럼 찍힌 웅덩이
바닥에 격자무늬가 빛난다
지하철 노선도가 떠오르는 찰나
물결이 어깨 들썩일 때마다
일렁이며 드리우는 그림자
자세히 들여다보니, 빛발 찍어
제 몸속에 그물망처럼 새겨진 지도
선명할 때까지 쓱쓱 닦는 중이다
격랑에 부딪던 갈비뼈 사이
마음 외로웠던 자국마다
청태 낀 노독까지 샅샅이 훔쳐내는 손
어두운 물관에서
이정표 짚고 환히 밀어 올린
꽃망울 떠올리며
복잡한 갈림길마다 표지판 그려넣는다

근육을 매만지는 손길 뿌리치고
서둘러 길 재촉하는 물결의 종아리

고단한 나무도 지친 들풀도
저 기운 빌어 잎을 밀어 올리겠다

철거지대

공단 수은등이 형형한 눈빛 쏘아내면
나는 검정 파도를 끌어 덮는다
어둠의 등살에 몇 집 더 짐을 싸고
수상한 비가 동동 빈 지붕을 구를 동안
바람은 식은 방문 열고 들락거리며
나도 어쩔 수 없는 녹슨 돌쩌귀
삐걱거리는 반항을 다독이며 울고 다닌다
이불에 산비둘기 울음 쌓이는 어스름
쏟아지는 폐수를 말없이 걸러내다
폐활량 견디지 못한 해초들은
쇠락한 신경을 끌고 먼바다로 이주 가고
간간 보내온 푸른 엽서 해지도록 읽는 선착장
수장된 만선기를 불러내어 그래, 가자
부러진 키라도 데리고 떠나고 싶을 그러나
모로 누운 기력은 일어설 줄 모르고
흔한 불빛마저 볼 수 없는 세죽마을
총기 잃은 들창은 피리 불다
담벼락 핏줄 돋은 호소문을 읽고 떤다

어깨 부딪던 고함소리 떠올리며
플래카드는 찢어진 돛이 되어 펄럭이고
병든 물결 두고 닻을 감지 못하는 처용암
니 맘 안다 마주 보는 시선이 젖는다

유배

소유와 무소유 등식을 써놓고
이항정리 하다보면 아무것도 남지 않는다
쉽다 하지만 숨 놓는 순간까지 채득하지 못하는 난제
저 몸은 깔끔하게 풀려있다
배낭 달랑 둘러메고
한번 입지도 않은 옷가지며 신발들
줄이고 줄여 유배왔다
짐이라곤 둘둘 뭉친 신문지뿐
별자리 배회하며 머릿속 정리에 골몰하던 사내
신문지 펴 몸뚱이 누이고
그림자로 풀린 문제 되짚어 자꾸 검산한다
압축해둔 발길 등호로 펼쳐놓고
까마득 멀어져간 꿈까지 사력을 다해 걷는다
두 손으로 하늘 떠받치고 서 보면
땅과 몸과 하늘이 같음도 알겠다 그러나
폭력적인 공식에 도무지 적응 안되는 머릿속
화장실 표지판 들이받으며
크르릉 기관차가 되어 콧김 내뿜는다

바람 타 마신 술에 한기 데우며 중얼중얼
종착역 바닥에 비망록 쓴다
중력이 잡아끄는 거추장스런 감옥
왜 탈출하지 못하나
끄응 무겁게 돌아 웅크려 물음표 찍는다

무위기 Ⅱ

바람은 노동가 부르며 쟁기를 끌고
구름이 제 속살 파종하는 아득한 수평면
부푼 근육으로 방파제 차고 올라
파도는 내항에 정박한 목선을 점명한다
굳었던 관절 푸는 빈 개울들도 이제
청강에 업혀 바다로 나아갈 것이나
내면은 언제쯤 쟁깃밥 출렁이고
한 무리 가마우지 울음 들을 수 있을까
수만 씨앗들 숨소리에 부푸는 바다
불끈불끈 힘줄 솟은 파도가
폭우 헤치고 달려와 웅크린 가슴 파헤친다
울울한 홑이불 두르고 떨다
생각의 채널 돌리며 언뜻언뜻 스치는
흐린 얼굴들 그리려 애쓰다 보면
먹먹한 귓속 후려치는 푸른 빛줄기에
일순간 명멸하는 먼 풍경들이
동공 속 오래 잔상 지는 민박집 창가

빗속 오들오들 떨며 눈 반짝이는 불빛들
누군가를 애타게 기다리는 기억은 아닐까
또박또박 써 놓은 이름들이 저마다
항로를 짚어보며 닻줄 감아올리는 유리창
등대불빛이 꾹꾹 눌러 다리는 주름 보며
나는 고작 옥죄는 불면 한 겹씩 벗겨
미어터진 꿈의 옆구리를 꿰맨다

환한 여자

달이 들여다보는 함지
몇 조각 은비늘이 파닥거린다
치부책 갈피로 놓인 평상에
떨이도 못했다는 서표를 꽂는 아낙
숨 고르는 품으로 아이가 와락 안긴다
다리미보다 뜨거운 얼굴이
뭉개진 가슴을 가만가만 다린다
빛나는 도심이 참 많이도 구겨놓은 미간
공책에 그려진 다섯 동그라미가
물결을 일으키며 어루만진다
꿈이 불빛 따러 가자 보채다가
야생마를 몰고 와 고삐 쥐어줄 때에도
품에 안겨 재재거리는 이 달덩이
파닥이는 목소리만은 지울 수 없었다고
복사빛 뺨 비비는 양주댁
눈동자에 웅숭깊이 출렁이는 우물
가득히 메아리가 쌓인다
꼬막 손에 엄마라는 목줄을 쥐인 채

바늘귀에 별빛 젖은 잠꼬대 꿰어
봉제 인형에 달아주는 눈
그 속에 눈부처로 들어앉은 환한 여자

지퍼 속 콩나무

짱뚱어를 보면 이빨이 어긋난 지퍼
가까스로 하나씩 풀어내던 엄지가 아리다
꿇어앉고 엎드려야 보이는 지퍼
질퍽한 뻘밭 속에서 잘도 찾아 여는
저 짱뚱어 국제시장에도 산다
튜브를 동여맨 다리 끌고
갈대표 오디오 실은 수레 앞세워
가슴지느러미로 여는 지퍼
이빨이 수레바퀴를 꽉 물어버리면
앙상한 팔을 힘껏 밀어주는 아이들
귀청에 기대어 종일 웃는다
복지는 만 리 밖 느긋해도
복지만리 노랫가락은 해도 끌고 달도 민다
청태콩 여무는 벌판으로
휘파람 불며 콩콩 튀는 스피커 몰고
인파 헤쳐 화음을 심는다
콩나물 고르던 손들이 뿌려주는 동전 따끈해서
덩굴 깊숙이 차린 살림 무르익겠다

살 부비는 방이 고소한 소리 구워내겠다
녹내장 수술에 들뜬 각시
앙다문 콩꼬투리마다 달빛 바른다

불삽

꽝꽝 얼어붙은 어둠
온몸으로 퍼내는 불꽃이 운다

울음이 방면하는
뜨거운 눈물,
더 깊은 울음 퍼 나르지 못해 굽이치는 강이다
강이라면 저렇듯 흘러야 하고
불꽃이라면 저렇듯 질겨야 하리

캄캄하게 떠도는 발길 터주지 못해
일렁이는 눈을 보라
눈망울 뒤에 숨어 흔들리는 불꽃을 보라

서늘한 삽날 쨍 부딪치는 소리
오래 들여다보고 있으면 아득히 물결치는 통곡
등줄기에 돋은 소름마다 환하게
옮겨붙어 떤다

퍼낼 암흑이 없는 촛불은 더 이상 삽이 아니다

탄층을 파내는 한 촉 불빛이
몸속 겹겹 쌓인 그늘까지 다 퍼내고
사라진다, 홀연히

빈병

덤프트럭이 튕겨버린 노숙자
여태 아우르고 산거다
한 번도 뽑지 않았던 적의
살갗 찢고 나와 보란 듯 사방으로 분출한다
지상 최대 적이었던 목구멍 움켜
구르고 구르다
마지막 순간에야 울컥울컥 피워올리는
저 뜨거운 꽃숭어리
실은 더 이상 비워줄 것 없어
늑골 첩첩 쌓인 어두움 몰래 사르다
이젠 걷잡을 수 없이 쏟아낸다
서둘러 압박붕대가 되어 고함치는 운전사, 그러나
귀 닫고 눈까지 감은 창문에
바퀴가 내지른 비명 황급히 매달리고
검은 침상엔 뭉그러진 꽃잎이 외로운 사투 중
광목천이 최후의 여진을 감싸주었다
두터운 암전 울리며 가는 사이렌
밤이슬에 버리던 반월도가 말없이 따르고

놀란 눈빛 거두지 못하는 별들
제 속살 찢어 식은 꽃잎을 덮는다

사발 속에 담긴 눈

보는 순간 불안했다
움직이는 열차에 뛰어오르는 승무원
만분의 일이란 실수에 미끄러져
육중한 바퀴 밀어내다 불현듯 숨 놓아버린
외눈박이 아버지도 저러했으리라

확률을 감쪽같이 속이려다 들키고 만 의안
등골 깊이 출렁거리던 전율 품고
내 가슴에 박혀 여전히 부릅뜨고 있다
생전에 장롱 깊이 숨겨 몰래 갈아 끼우던 눈
잠들기 전까지 이물감에 몸서리쳐도
거리 조절하는 요령 끝내 체득했던가
망치질도 목수보다 더 잘했다

한밤중 화장실 가던 발에
사발이 차이고 나서야 보았다
소스라치며 빤히 올려다보는 눈알
고단한 잠에 묶인 아버지 몰래

새 물 떠다 담가두었다

그날 이후 내 눈은 거짓말을 못한다
빤히 올려다보는 그 눈빛 때문에
확률이 쳐놓은 덫이 조마조마한 까닭에

저물녘 강가에 서서

누이야
산마루 불잉걸 지펴 삶는가
모롱이 돌아 우는 기적
잔잔한 눈물샘에 또 파문 그린다
고치 뜬 무쇠솥 모락모락 실타래 풀어
피륙 짜는 강가에 서서
나, 흘러가는 고요 만진다
한낱 무명 한 필 짜지 못하여
갈망 절망 뒤척거린다
바람이 데려가는 꽃잎 보며
알듯 모를 듯 흔들리는 갈대
내가 그러하여
마른 강풀의 한숨 빗어
일렁이는 비단 물결이고 싶어
넋 놓고 본다
다 보고 다 들으며 직조하는 물결
말없이, 고운 홍포 말없이
어두우면 어떠리 묵묵히 짜는

저물녘 베틀소리에 젖는다
누이야
명주필 곳곳에 남긴 네 발자국
굴착기가 깡그리 파내도
가슴에 찍힌 발자국은 어쩌지 못할 거야
그자

2013 변방 제28집

얼룩으로 만든 집

2013년 12월 23일 1판 1쇄 찍음
2013년 12월 27일 1판 1쇄 펴냄

지은이 _ 강세화·문 영·박정옥·박종해·배정희·신춘희·임 윤·장상관
펴낸이 _ 양문규
펴낸곳 _ 詩와에세이

신고번호 _ 제319-2005-000014호
주소 _ (120-865) 서울시 서대문구 북아현동 1-495 2층
대표전화 _ (02)324-7653, 070-8877-7653
팩시밀리 _ 0505-116-7653
휴대전화 _ 010-5355-7565
전자우편 _ sie2005@naver.com
공 급 처 _ 한국출판협동조합
주문전화 _ (070)7119-1741~2
팩시밀리 _ (031)944-8234~6

ISBN 978-89-92470-93-3 03810

* 이 책은 2013년 울산광역시 보조금을 지원받아 출간되었습니다.